Roland Breitenbach

Mitten unter uns wie ein Kind

Bekannte und unbekannte Jesusworte im Jahreslauf

Reimund **Maier** Verlag

Inhalt

Vorwort 5

Januar 7
Februar 8
März 9
April 9
Karfreitag | Ostern 10
Mai 11
Juni 11
Juli 12
August 12
September .... 12 – 13
Oktober 14
November 14
Allerheiligen | Allerseelen 15
Dezember 16
Advent | Weihnachten .... 16 – 18

Nachwort .... 19 – 20

Impressum 21

Vorwort

Wir suchen den wahren Jesus und versuchen eine Antwort: Der Titel dieses Bändchens ist aus dem »Unbekannten Berliner Evangelium« genommen. Das sind Reste einer alten Handschrift aus dem 6. Jahrhundert, sie lagerten lange Zeit unerkannt im Berliner Ägyptischen Museum. Die Schrift enthält unter anderen angebliche Reden Jesu.

Erst 1991 wurde die wertvolle Handschrift wiederentdeckt, die ursprünglich aus der ägyptischen Wüste stammt. Demnach sagt Jesus zu seinen Jüngern: »Ich bin mitten unter euch wie ein Kind.« Und weiter: »Ich bin nur noch kurze Zeit in eurer Mitte. Ich habe die Welt besiegt, ihr aber lasst zu, dass euch die Welt besiegt.«

Die apokryphen, also geheimen oder verborgenen Schriften wurden aus unterschiedlichen Gründen buchstäblich von der kirchlichen Obrigkeit an den Rand gedrängt und nicht in das Verzeichnis des Neuen Testamentes aufgenommen.

In den nachfolgenden Texten werden Zitate aus den apokryphen Schriften mit diesem Symbol ◐ eingeleitet.

Daneben greifen wir vor allem auf Texte des Evangeliums nach Johannes zurück, das in das Neue Testament aufgenommen wurde.

Es soll uns nicht überraschen, wenn uns hier ein Jesus begegnet, wie wir ihn lieben und wie wir ihn sehen möchten. Die Verfasser der Apokryphen lebten vermutlich alle noch zu den Lebzeiten Jesu.

Viele seiner Worte wurden zu geflügelten Worten, die in den verschiedensten Schriften die Runde machen. Denn das Interesse an allem, was Jesus getan oder gesagt hat, war in den Gemeinden, die nichts hatten als das Alte Testament der Bibel, sehr groß.

Roland Breitenbach

Januar

Im ersten Monat geht es um die Sünde, um eine schwere Sünde. Vor allem im katholischen Christentum spielte die Sünde eine wichtige Rolle. Es gab für die Gewissenserforschung einen umfangreichen Katalog; es gab die Beichte, die zur Vergebung der Sünden beitragen sollte; es gab die Volksmission, die über die Schule und den Religionsunterricht hinaus, die Sünde neu ins Bewusstsein bringen sollte.

Die Sünde war ein wichtiges Druckmittel für die Herrschaft der Oberhirten, viel an Freude wurde so dem Christentum genommen. Vor allem, weil die schwersten Verfehlungen angeblich aus dem Bereich des Sexuellen kommen sollten.

Die deutliche Zurückhaltung der Katholiken, zum Beispiel, was die Beichte anlangte, hat dem Zwang seine fragwürdige Kraft genommen: Man ist ganz einfach freier geworden. Die Bewältigung dessen, was Sünde genannt wird liegt ganz im Ermessen des Einzelnen. Dafür gibt es zum Glück seelsorgerliche Gespräche.

Jesus sagte: »Wer von euch ohne Sünde ist, werfe den ersten Stein. Ich verurteile nicht.«

☻ »Das erste für euch ist der Glaube, das zweite die Liebe und das dritte sind die guten Werke. Aus diesen drei besteht das Leben.«

Unvergessen bleibt der Hintergrund zu diesen Worten: Jesus begegnet der Ehebrecherin, die gesteinigt werden soll. Er stellt sich nicht auf ihre Seite. Eher greift er die Selbstgerechten an. Die ihre eigenen Sünden steinigen wollen und froh darüber sind, ein Objekt der Sünde gefunden zu haben. Wer von uns, so fragen wir, ist schon ohne Sünde und Schuld, dass er nach Steinen greifen dürfte.

Der einzige, der Steine hätte werfen können, war Jesus selber, unter diesem Mitgefühl sind wir dem wahren Jesus schon ganz nahe.

▶

Der Ehebruch galt in der Antike und in der Zeit Jesu als Sünde, weil er gegen die Liebe und damit gegen Gott gerichtet war. Er war noch dazu ein Verbrechen, weil die Frau als ein Besitz des Mannes, als Ware betrachtet wurde, die nicht beschädigt und damit entwertet werden durfte.

Februar

Gott hat den Sohn nicht in die Welt gesandt, damit er sie richte, sondern dass die Welt durch ihn gerettet werde. Wer an ihn glaubt wird nicht gerichtet.

◉ »Man wird nicht erlöst werden, wenn er nicht an mein Kreuz glaubt.«

Kreuz und Leid sind zu allen Zeiten schwierige Herausforderungen eines jeden Glaubens. Zudem treffen beide jeden Menschen irgendwann. An das Kreuz und das Leid glauben bedeutet, seinen Sinn sehen wollen und dann im Glauben, dass letztlich alles einen Sinn hat, Leid und Kreuz zu tragen im Blick auf Jesus, dem angesichts seines eigenen Leides nur die Feststellung blieb »denn sie wissen nicht, was sie tun«. Dennoch hat er sein Kreuz getragen bis zum Richtplatz. In seiner Zeit war das die schändlichste Form einer Todesstrafe, so wie das Verscharren der Leiche im Sand.

Das Gericht am Jüngsten Tag, nach dem Ende der Welt, war ebenfalls ein Druckmittel der sogenannten Oberhirten. Dieses Gericht entschied über Himmel, Hölle und Fegefeuer und sein Spruch war endgültig. Das Wort Jesu, dass die Welt durch ihn gerettet werde, wurde übersehen und vernachlässigt.

Die Entscheidung für oder gegen die letzte Errettung liegt allein bei dem Glauben an die Erlöserschaft Jesu.

März

◉ »Meine Stunde ist noch nicht gekommen. Wenn ihr in meinem Wort bleibt, werdet ihr die Wahrheit erkennen, und die Wahrheit wird euch frei machen.«

April

◉ »Solange ich in der Welt bin, bin ich das Licht der Welt.«

Die Freiheit, das ist das Neue was Jesus in den Glauben und in seine Bewegung bringt. Diese Freiheit wurde nicht selten von den Kirchen vergessen oder unterschlagen – im Wort, in der Lehre, in der Predigt.

Manchmal sogar in das Gegenteil verkehrt, vor allem dann, wenn man die Wahrheit vergessen hat und sie anderen Zielen unterwarf. Die anderen Ziele waren vor allem die Herrschaft über die Gläubigen.

Die wurde nicht selten auch finanziell ausgenutzt. Alles was mit dem Glauben und seiner Praxis zu tun hatte, war auf einmal nicht mehr kostenlos.

Franziskus, ein Papst unserer Zeit, äußerte hierzu, dass er jene Kirchen und Pfarrbüros am liebsten vergessen möchte, wo eine Preistafel für die verschiedenen Dienste angebracht sei. Der Glaube und was dazu gehört müsse kostenlos sein. Damit war der Papst ganz auf der Linie des Jesus von Nazareth, der offenbar keinen eigenen Geldbeutel besaß und die Tempelsteuer nicht bezahlen konnte.

In unserer Gemeinde, das sei hier einmal festgehalten, gibt es keine Gebühren. Ob die Leute etwas geben wollen, steht ganz in ihrer eigenen Entscheidung. ■

Karfreitag

Jesus sagte: »Geh, dein Sohn lebt.«

Der Tod begegnet Jesus auf Schritt und Tritt. Da ist nicht nur der Sohn einer Witwe in Nain, da ist auch ein junger Mann im Haushalt eines Hauptmannes.
Beide hören die Frohe Botschaft: »Dein Sohn lebt« und das aus dem Mund des Auferstandenen.

Ostern

Jesus sagt: »Ich bin der gute Hirte; ich bin die Tür zu den Schafen; der gute Hirte gibt sein Leben hin für seine Schafe. Die Schafe kennen meine Stimme.«

👁 »Weh mir, wem bin ich gleich geworden. Jetzt ward ich gleich den Tieren der Erde. Denn auch die Tiere dieser Erde bringen Frucht vor dir, o Herr!«

Jesus predigt auf seine Weise eine neue Einstellung zu den Tieren. Als der gute Hirte beugt er sich zu den Schafen herab und wird fast ein Teil von ihnen. Der Esel, ein kaum geachtetes Tier jener Zeit, wird zu seinem Reittier für den glorreichen festlichen Einzug in Jerusalem.

Das Bild vom guten Hirten ist heute weitgehend kaum mehr zu verstehen. Wann sieht der Städter schon eine Schafherde und hätte Gelegenheit mit einem Schäfer über seine Aufgaben zu sprechen?

Und dann dieses: »Der gute Hirte gibt sein Leben hin für seine Schafe«. Kaum vorstellbar und nur im Blick auf die Kreuzigung Jesu für die ganze Menschheit zu verstehen.

So sagt eine apokryphe Schrift:

◉ »Noch kurze Zeit, o Kreuz, und das Mangelhafte wird sich vervollkommnen. und das Geringe wird sich füllen.«

Wer je sein Kreuz zu tragen hat, hat ein Gespür für die Wahrheit dieser Worte. Jedes Kreuz macht menschlicher und reifer.

Mai

Die Jünger, Männer und Frauen um Jesus, die gesehen hatten, wie tief und innig er betete, sagten zu ihm: »Lehre uns beten.«

Er antwortete:
»So sollt ihr beten: Vater unser, geheiligt werde dein Name. ...

Juni

... Dein Reich komme, dein Wille geschehe, wie im Himmel so auf Erden. ...

Juli

... Unser tägliches Brot gib uns heute. ...

Das Gebet wird noch heute und weltweit in vielen Sprachen gesprochen, in den Domkirchen erklingt es in lateinischer Sprache als »pater noster« ...
Das Gebet hat so manchem in kritischen Momenten bis in die Stunde des Todes hinein geholfen. Als ich einem Bewusstlosen, der am Rand der Straße lag, das Vaterunser vorbetete, bewegten sich seine Lippen.

August

... Und vergib uns unsere Schuld, wie auch wir vergeben unseren Schuldnern. ...

👁 »Liebe deinen Bruder wie dein Leben, behüte ihn wie deinen Augapfel.«

September

... Lass uns nicht in der Versuchung untergehen, sondern erlöse uns von dem Bösen.«

Das Vaterunser: Eines der schönsten Gebete, die die Menschheit kennt. Nur eine einzige Korrektur ist zwingend: Statt »führe uns nicht in Versuchung«, muss es richtig heißen: »Lass uns nicht in der Versuchung untergehen.«

- »Wenn ihr betet, werdet ihr Ruhe finden.«

- »Dreimal am Tag betet so, nicht wie die Heuchler.«

Das tägliche Gebet ist eine wichtige spirituelle Herausforderung. Leider gibt es nicht viele gute Gebete.

Dieses sei hier angefügt:

Gott, gib mir die Heiterkeit und Gelassenheit,
Dinge hinzunehmen, die ich nicht ändern kann,
Mut und Phantasie, Dinge zu ändern, die sich ändern lassen,
Weisheit und Weitsicht, das eine vom anderen zu unterscheiden.

Dieses Gebet führt zu einem spirituellen Lebensprogramm:

Im Namen Gottes, achte gut auf diesen Tag,
achte gut auf die Menschen, sie sind dir anvertraut.
Jeder neue Tag ist dein Leben, er ist ein Geschenk für dich.
Heute ist dein Tag, sei dankbar und freue dich,
über die Sonne am Morgen, über den Regen in der Nacht.
Lebe im Frieden mit dir und finde zur Ruhe in der Nacht:
Sei gesegnet und werde zum Segen allen, die dir heute begegnen.

Diesen Text sollte man an jedem Morgen für sich selber sprechen. Es führt in die Gelassenheit und in die Zuversicht der göttlichen Fügung.

Oktober

Jesus sagt: »Müht euch nicht um eine Speise, die vergänglich ist. Das Brot Gottes ist der, der vom Himmel herabkommt und der Welt Leben gibt: Ich bin das Brot des Lebens. (Selig wer mit mir essen wird im Königreich der Himmel.)«

👁 »Wer mein Wort hört und dem glaubt, der mich gesandt hat, hat ewiges Leben. Er ist aus dem Tod ins Leben hinübergegangen.«

November

» ... Damit jeder, der glaubt, das ewige Leben hat. Werdet ihr glauben, wenn ich zu euch von himmlischen Dingen rede?«

👁 »Ihr seid das Salz der Erde und die Lampe, die die Welt erleuchtet.«

Wir können weder auf das Salz noch auf das Licht verzichten. Diese wichtigen Funktionen werden nicht nur den Christen, vor allem aber diesen zugesprochen, wobei wir festhalten dürfen, dass zu viel Licht und zu viel Salz gefährlich sind. Wir sollen zum eigenen Wohl und dem unserer Umgebung von allem etwas sein, dann geben wir auch von den Worten und Taten Jesu Zeugnis.

Dann werden wir zusammen essen. Das Festmahl im Himmel ist ein uraltes Bild für das, was uns im neuen Leben erwartet. Die Propheten sprechen sogar von einem Gelage mit gutem Essen und köstlichem Wein.

Allerheiligen

◉ »Wer die Wahrheit tut, kommt zum Licht.«

Jesus sagt: »Ihr werdet den Himmel offen sehen.«

Der offene Himmel. Ein Wunsch, den wir über allem Irdischen haben. Er verheißt den Frieden, denn nichts Arges oder Böses hat der Himmel zu bieten.

Wenn wir uns dem Frieden mit allem, das uns umgibt, stellen, bleibt für uns der Himmel offen und lässt uns nach dem leben, was das Evangelium uns vorgibt.

◉ »Ich habe euch den Glauben viele Male angeboten, aber ihr habt mich nicht verstanden: Weist einander zurecht, nicht im Zorn, sondern im Frieden, wie ihr es im Evangelium habt. Mit jenem, der sich gegen einen anderen stellt, soll keiner reden.«

◉ »Dann werdet ihr begreifen, dass ihr die Kinder des lebendigen Vaters seid.«

Allerseelen

Jesus sagt: »Wer von dem Wasser trinkt, das ich ihm geben werde, wird nicht mehr Durst haben.«

◉ »Viele Erste werden Letzte sein und sie werden ein einziger sein.« ▶

Es muss ein ganz besonderes Wasser sein, gemeint sind die Worte und die Lehre Jesu, die vor allem auch verhindern, dass sich einer über andere stellt. Aus der Sicht des Himmels gibt es Erste und Letzte, die eine Einheit sind. Es gibt keine großen Unterschiede. Wozu also, so fragen wir noch einmal, sich über andere erheben? Mit der Einzige sein, mag einer sein, der gegenüber allen einzigartig ist, also der Lehre Jesu folgt, und weil er auf diese Weise zufrieden ist, keinen Durst mehr hat.

Dezember

Jesus sagt: »Ich bin das Brot des Lebens. Es ist der Wille Gottes, dass ich keinen von denen, die er mir gegeben hat, verliere.«

Advent

»Bereitet den Weg des Herrn. Ich bin die Stimme eines Rufers in der Wüste.«

☻ »Wenn ihr nicht die ganze Woche zum Sabbat *(zum Sonntag)* macht, werdet ihr den Vater nicht sehen. Die Heiligen werden nicht ein Teil der Welt werden.«

Die Heiligung des Sonntags ist ein wichtiges Anliegen. Vielleicht haben wir uns zu sehr auf das Wochenende eingelassen und vergessen, dass es das ohne den Sonntag nicht gibt. Der Sonntag bleibt der wichtigste Tag im Lauf der Woche, das muss im Alltagsleben spürbar sein.

Am schönsten wäre es, wenn die Gestaltung des Sonntags mit einem Gottesdienst verbunden wird. Dann ist es gut möglich, dass die ganze Woche von dieser Feier zehrt. Sie lässt den Vater sehen, also den Willen Gottes, der uns die ganze Woche begleitet, damit unser Tun und Lassen.

Ohne Sonntag liefern wir uns dem Alltäglichen aus und werden ein Teil dieser Welt. Nicht umsonst heißt es: »Wie dein Sonntag so dein Sterbetag. Vieles liegt also in unserer Entscheidung.«

Weihnachten

◉ »Seht, ich bin mitten unter euch wie Kind.«

◉ »Wer nicht von neuem geboren wird, kann das Reich Gottes nicht sehen. Die Kleinen, die gestillt werden, gleichen denen, die in das Königreich eingehen. Lasst die Materie nicht über euch herrschen.«

◉ »Ich werde euch das geben, was kein Auge gesehen, kein Ohr gehört hat und was nicht in den menschlichen Sinn gekommen ist. Wenn ihr in meiner Welt lebt, werdet ihr die Wahrheit erkennen, die Wahrheit wird euch frei machen. Solange ich in der Welt bin, bin ich das Licht der Welt.«

◉ »Eure Zeit ist immer, also seid bereit. Wehe denen, die den Menschensohn nur gesehen haben. Er hat euch geheilt als ihr krank wart. Und was ist euer Verdienst, wenn ihr den Willen des Vaters tut?«

Nur zu sehen, das reicht nicht. Sehen und verstehen, das ist viel mehr. Dann zieht einer die Konsequenz für sein ganzes Leben. Ganz Kind sein verlangt dieses Verstehen. Neugierig und wissbegierig sein, wie ein Kind.

Wenn Jesus unter uns ist wie ein Kind, dann kann er auf authentische Weise vom Vater erzählen. Er hat ihn gesehen und seinen Willen erkannt, dass möglichst alle in das Königreich des Himmels kommen, das geht allerdings nur, wenn nicht das Irdische, also die Materie die Herrschaft über einen Menschen hat.

Es ist die Wahrheit, die die Herrschaft von den Schultern eines Menschen nimmt, und ihn frei macht. Diese Wahrheit kann nur von Jesus kommen, der die neue Welt bereits gesehen hat.

Nachwort

Die apokryphen Schriften des frühen Christentums sind zahlreich, in der deutschen Sprache wurden unter anderen folgende bekannt.

Ein Teil der Zitate stammt aus diesen Schriften:

- DAS UNBEKANNTE BERLINER EVANGELIUM, ODER DAS EVANGELIUM DES ERLÖSERS

- DAS EVANGELIUM DES JAKOBUS

- DAS MARKUSEVANGELIUM

- DAS EVANGELIUM NACH MARIA (VON MAGDALA)

- DAS EVANGELIUM DES JAKOBUS

- DAS EVANGELIUM DES PETRUS

- DAS EVANGELIUM NACH THOMAS

- DAS JUDASEVANGELIUM

Diese apokryphen, also geheimen Evangelien sind praktisch alle zum Ende des 2. Jahrhunderts entstanden. Wie schon festgestellt, wurden sie aus verschiedenen Gründen nicht in das Verzeichnis des Neuen Testamentes aufgenommen.

Die Schriften verschiedenster Autoren wurden im Sand der ägyptischen Wüste, vor allem bei Nag Hammadi gefunden. Wie viele noch wegen ihres Wertes in der Hand von Antiquitätenhändlern zu finden sind, bleibt un- ▶

bekannt. Vermutlich sind noch viele Schriften in der Hand von Sammlern, oder sie lagern bei wissenschaftlichen Bibliotheken; es sind also noch viele Überraschungen zu erwarten, die das Jesusbild unserer Tage verändern.

Freuen wir uns lieber über das, was wir haben. In jedem Fall führen auch diese Schriften zu einer Begegnung mit dem Evangelium. Was könnte lebendiger machen als neue, bislang unbekannte Texte?

Die Autoren dieser apokryphen Schriften wählten als Verfasser die Namen von Persönlichkeiten, die im frühen Christentum bekannt und angesehen waren. Dadurch sollte ihrer Schrift auch eine entsprechende Autorität zukommen. In unserer bescheidenen Sammlung fehlen noch Zitate aus:

- DIE LEHRE DER ZWÖLF APOSTEL

- DER BRIEF DES JAKOBUS

- DIE BRIEFE DES APOSTELS PAULUS

- DAS BUCH DES THOMAS – UND ANDERE

Eine Materialfülle, die kaum zu bewältigen ist und bei der es noch so manches zu entdecken gilt: Lassen wir uns überraschen. Mit allem, was nicht in der Bibel steht. Der Verdacht ist jedenfalls groß, dass die Geschichte des Christentums neu geschrieben werden muss.

Noch ein Wort zu apokryphen Schriften: Die ersten Christen hatten nur die Bibel, das Alte Testament, das sie im Blick auf Jesus lasen. Sie erwarteten das Wiedererscheinen von Jesus Christus. Doch das Bedürfnis, sich der Worte und Taten Jesu in der Zeit vor seinem Kreuzestod zu erinnern, war groß. So entstanden im 1. nachchristlichen Jahrhundert zahlreiche Texte, vor allem solche, die dem Leben in der Gemeinde dienen sollten.

Manche gelangten in das Neue Testament, zum Beispiel die Briefe des Apostels Paulus. Der Verfasser hatte keine Ahnung, dass diese Briefe Teil einer heiligen Schrift werden sollten, sonst wäre der Inhalt anders ausgefallen.